# 瓷韵微吟

蔡暄民 著

中国出版集团有限公司
世界图书出版公司

# 瓷韵微吟

蔡暄民 著

中国出版集团有限公司
世界图书出版公司
上海 西安 北京 广州

**图书在版编目（CIP）数据**

瓷韵微吟 / 蔡暄民著． — 上海 ： 上海世界图书出版公司， 2024． 9． — ISBN 978-7-5232-1492-3

Ⅰ． K87

中国国家版本馆 CIP 数据核字第 2024BG7825 号

| | |
|---|---|
| **书　　名** | 瓷韵微吟<br>Ci Yun Wei Yin |
| **著　　者** | 蔡暄民 |
| **出 版 人** | 唐丽芳 |
| **策　　划** | 王　冰 |
| **责任编辑** | 吴柯茜 |
| **出版发行** | 上海世界图书出版公司 |
| **地　　址** | 上海市广中路 88 号 9 — 10 楼 |
| **邮　　编** | 200083 |
| **网　　址** | http://www.wpcsh.com |
| **经　　销** | 新华书店 |
| **印　　刷** | 陕西龙山海天艺术印务有限公司 |
| **开　　本** | 787mm×1092mm　1/16 |
| **印　　张** | 12.75 |
| **字　　数** | 100 千字 |
| **版　　次** | 2024 年 9 月第 1 版　2024 年 9 月第 1 次印刷 |
| **书　　号** | ISBN 978-7-5232-1492-3/J・133 |
| **定　　价** | 258.00 元 |

# 序

何志云

蔡暄民兄发来新作《瓷韵微吟》，嘱我写序，起初我是很有些踌躇的。倒不是因为客气。我与暄民兄是总角之交，相识应该有一个甲子以上了，彼此知根知底，他要出新书，我来写几句放进书里，应该不算过分。至于是不是叫做序，有什么关系呢？我的踌躇，首先是因为书里的“瓷”，均系暄民兄收藏的官窑瓷器，那里有他毕生追索的心血，而我对此恰是货真价实的外行。再者，他在这里的“微吟”，是他面对每件古瓷珍宝写下的一首首诗，他抚今感昔之际，流淌出来那些体验与感触，也都独独属于他，哪里有我轻易置喙的余地？

不过转念一想，我之踌躇，或正是暄民兄的理由：作为第一读者，读了这本书，也会有我的感受和体悟，我要写的无非是篇读后感，类似旅游手册里有导游说明，标示一条适合外来者的观赏路径，在岔道口作些特别的提示，使后来者少走一点弯路。当然凡事均有例外，现在有不少驴友，偏喜欢找人迹罕至的路去走，去领略别样的风景——这也很好，他们可以把这篇序略过不读，自己写出一篇游记来。

一般人知道暄民兄收藏，是在 21 世纪初，他在良渚建了东明白庐艺术馆，接待四方来宾的时候。其实 20 世纪 80 年代初，他和夫人、女儿还住在狭小的两居室，他夫人就常抱怨暄民兄：房间角落和床下塞满他收来的坛坛罐罐，打扫卫生实在是不便。暄民兄自幼住杭州潮鸣寺巷，我在偏东一点的刀茅巷，中间夹着一个火药局荡（池塘）。荡北有座回龙庙，早早改成了茶馆，每天都有说书人在说“大书”《金台传》。后来，“大书”不让说了，回龙庙却成了杭州一个文玩地下交易市场，我在火药局荡里游水，暄民兄已经在回龙庙茶桌间钻来钻去，靠可怜的一点零花钱买古玩了，那里，有一个少年难得的爱好和魄力。

暄民兄的禀赋和境遇，和一般人相比，有很多相同却也有不少相异，回头看去可称得是奇异。他和我们一样读小学中学，也经历“文革”和上山下乡，身处同一个时代，谁也逃不出这条少年轨迹。但暄民兄因缘际会，十来岁给海灯法师做了关山门徒弟，几年学得一身好拳脚，数次散打获奖，20世纪60年代末蜚声浙江武术界，现尚为杭州市武术家协会、鞏成祥武术研究会的名誉会长；他出身也许算得上书香门第——我知道他爷爷办过私塾也收藏书画——不过小小年纪，却与余任天、沙孟海等书画耆宿结成了忘年交，我想任天老、沙老是看他天资聪颖，像对待子侄一般喜欢他，时时耳提面命，十数年下来，暄民兄对中国书画便有了相当的训练和造诣。于今他收藏余任天的书画竟达百余张之多，沙老赠与他的书法作品，亦不在少数，题款有时竟视若平辈，令人惊诧不已；暄民兄自己写的大幅书法，在白庐艺术馆居然高悬于马一浮先生的手书对联上，可见他的底气与自信；80年代初，他又参与创办了《大众电视》杂志和《大众电视》“金鹰奖”，同时还忙里偷闲，和朋友创作长篇小说《金台传》及同名电视连续剧（我猜那底子，就是当年在回龙庙里打下的）……暄民兄的眼光历来显得独特而超前：比如杭州余杭的径山，90年代初还十分冷清荒僻，他就投资在径山寺旁兴建度假山庄，如今径山与径山寺早已成了炙手可热的旅游胜地；良渚东明山那时还是南山林场，破落荒芜之际，人人争相搬出山去，看到他偏偏进山来大兴土木，建造的还是闻所未闻的什么“艺术馆”，都觉得他脑子有病；他同时又在钱塘江边开发了杭州第一个别墅项目“圆梦园”，成为浙江旅欧华侨回乡考察的一大重点……他人想都未曾想及之际，他早已涉足其间并深耕经营多时了。继东明白庐艺术馆后，他接连创办上海御承堂艺术馆，并与宁波大学合作，创建了全国首个古陶瓷艺术学院和御承堂博物馆；在G20杭州峰会、厦门金砖会议和上海进博会、北京物贸会等国际知名会议上，他的20余件藏品，从参选的十几家国家级博物馆和20多个收藏家中脱颖而出，作为会议专属陈列品，呈现于世界；暄民兄近来频频出入日本大阪，应该又在酝酿着新的动作？

有收藏界的知名专家曾说，拥有一件顶尖的国宝级藏品，须具有眼力、财力和魄力，再加上机缘。要我说，这四者的基础，应是收藏家丰厚的人生阅历和文化积淀，才能使四者融会贯通，成为一体。这时，收藏与人生之间再无间隔，足以使收藏家纵横来去，出入自如，收藏于是就成了毕生的事业。我看暄民兄，常常想起王世襄、张伯驹诸位收藏前辈，在暄民兄身上，若隐若现浮现着他们远去的身影。

这本《瓷韵微吟》，收录官窑瓷器50余件，一一对应，附诗50余首。瓷器的名称、器型、来历，窑口及基本特征，瓷器史上的地位与价值，等等，都有短文介绍。短文要言不烦，既是教科书般精确的知识，又有历史文化的学问内涵，值得细读并玩味。

其实暄民兄就收藏已经出版过多本专著，据我所知，即有《玩古拾趣》（西泠印社）、《玩古说瓷》（浙江摄影出版社）、《蔡暄民谈收藏》（故宫出版社）、《御窑遗珍》（世界图书出版公司）、《土与火的艺术》（文物出版社）等，从不同角度介绍了他的藏品和收藏史，包括心得与逸闻；为了培养孩童对古瓷器的兴趣和鉴赏力，他甚至还创作了《玩瓷拼图》《玩瓷折纸》和《玩瓷拼贴画》。凡此种种，有兴趣的读者不妨搜来一看。

这本书特色在诗。诗有诗的特质和要求，是文学中最难把握的体裁。作为毕生与藏品为伴的收藏家，暄民兄以诗来描绘和传达面对古瓷的感受，既开创了国内收藏鉴赏类书籍撰写风格的先河，一定也有他不能自抑的理由。一件好的古瓷必定是美的，这种美有着丰厚的难以尽述的内容：最初是窑工画师的心血，进得窑里了，历经高温淬炼，还须得天地造化的眷顾，才得以真身现形；其后或进了深宫侯门，或被文人墨客把玩，有的或还深埋地下成百上千年，它们所尝受的富贵与沧桑，而今都凝聚于它们的光亮、色泽、韵味乃至体温、声响……默默无言地供有心人细细揣摩。古瓷除了在瓷器史、考古学等学术领域的地位和价值外，它以独特非凡的美，载入中国艺术发展史，标志着熠熠生辉的不同阶段。我想象暄民兄在一个又一个的不眠之夜，面对这些藏品，“相看两不厌”，再三摩挲品味，不期然就有诗情诗意在心里盘旋，弥漫，回荡，升起，或缠绵或慷慨，或惆怅或激越，一概化作了低吟或高歌，与面前月光下的古瓷互相唱和，互为印证：

千年的误判
只认
雨过天青
不看
云破处

——起首就是一声慨叹。这慨叹是为眼前的古瓷而发，还是面对人生的低徊叹息？万籁俱寂中，只剩余音缭绕：

雨后云破，才泄现
赤橙黄绿青蓝紫的多彩光泽

接着便是古瓷历史并引出一桩公案：

乾隆收藏的是黑色，明人得到的是黄色
更有制精色异的记载
记载
柴窑出北地，早有历史定论
竟还有近人的胡扯，硬拉成越地秘色

——管他呢！我们还是静心欣赏你吧：

明如镜
薄如纸
声如磬
明代人把你排在
名窑之首

丝毫没有僭越

算了算了！干脆直截了当说出我的结论——

唯有你能独步瓷坛
总有一天，历史将还你
独具的七彩本色

一首《后周柴窑》，短短二十几行诗，有描绘也有鉴赏，有感慨也有喟叹；诗情中蕴藏严肃的学术考察，诗意里却涉及中正的历史判断；对器物的凝视是艺术的，对收藏的体味却饱含人生体察；诗当然纯净，这符合诗的重要品性，纯净中不乏一唱三叠；诗当然需要激情，这里的激情却蕴藉而情意绵长。随着“胡扯”荡开的那一笔，事关古瓷收藏的一桩公案，细细读来能读出一篇大文章。

暄民兄在骨子里，分明是个诗人。他面对收藏与他的藏品，如同他面对文学，毕生都是投注了深挚浓郁的感情的。这种感情无关风月，更不是用来战斗的。他是以古瓷来润泽我们的生命，使贫瘠乏味的人生变得丰润柔和，庸常的日子于是便升起诗情诗意的光辉，映照出一片新的天地。他这里写下的诗，也不是我们熟知的投枪与匕首，而在底蕴上与宋词宋韵相通，于是便和那一个个古瓷相得益彰，从而相拥起舞。对我们这样的读者而言，这里赓续着祖先的血脉与恩泽，沉积着历史文化的深厚遗存。依我看，这是收藏的真正价值，也是暄民兄安身立命的根本。他的诗，是他为毕生收藏插上新的翅膀，使他的人生梦想再次得以翱翔。

是为序。

---

何志云，作家、评论家，曾任中国电影出版社社长，浙江艺术职业学院院长等，系国务院特殊津贴专家。著有文艺评论集《印下指爪——何志云文艺评论选》《后半夜评论》；散文随笔集《迟到的缘分》《深夜独语》《最后的角落》《过去的心情》；文化专著《中国感受》等。

# 目录

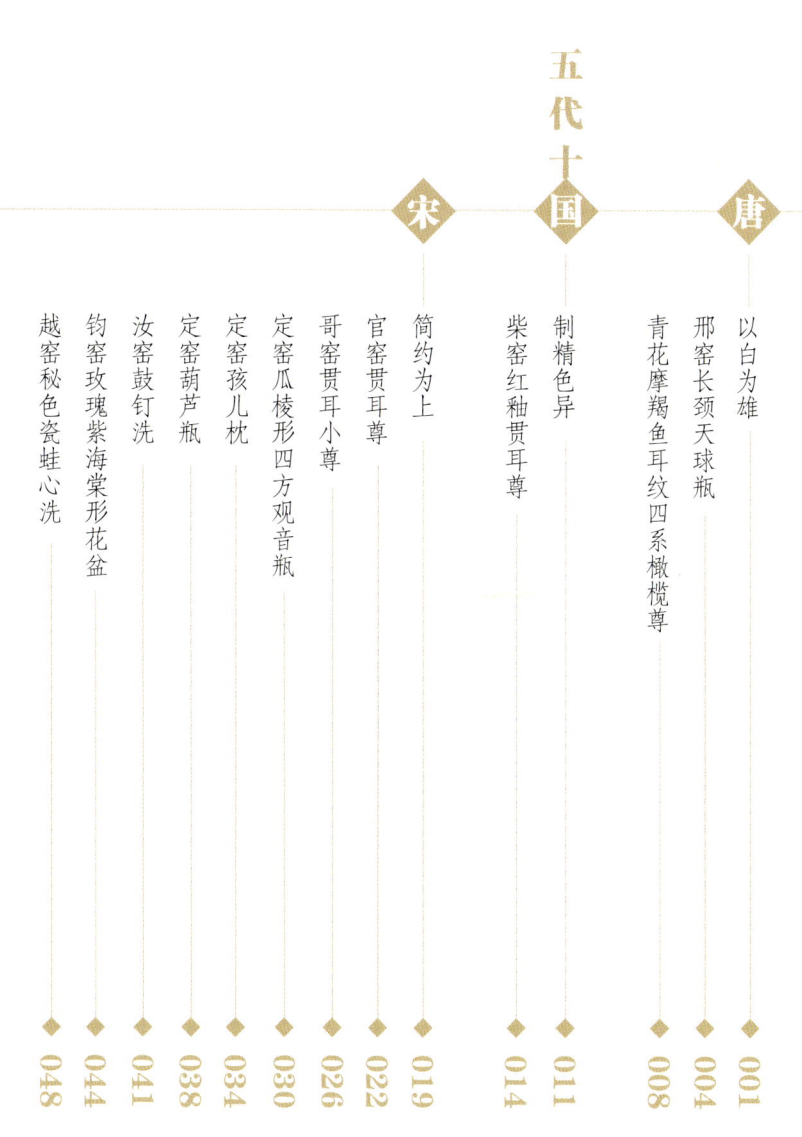

## 清

# 瓷韵微吟

# 唐

## 以白为雄

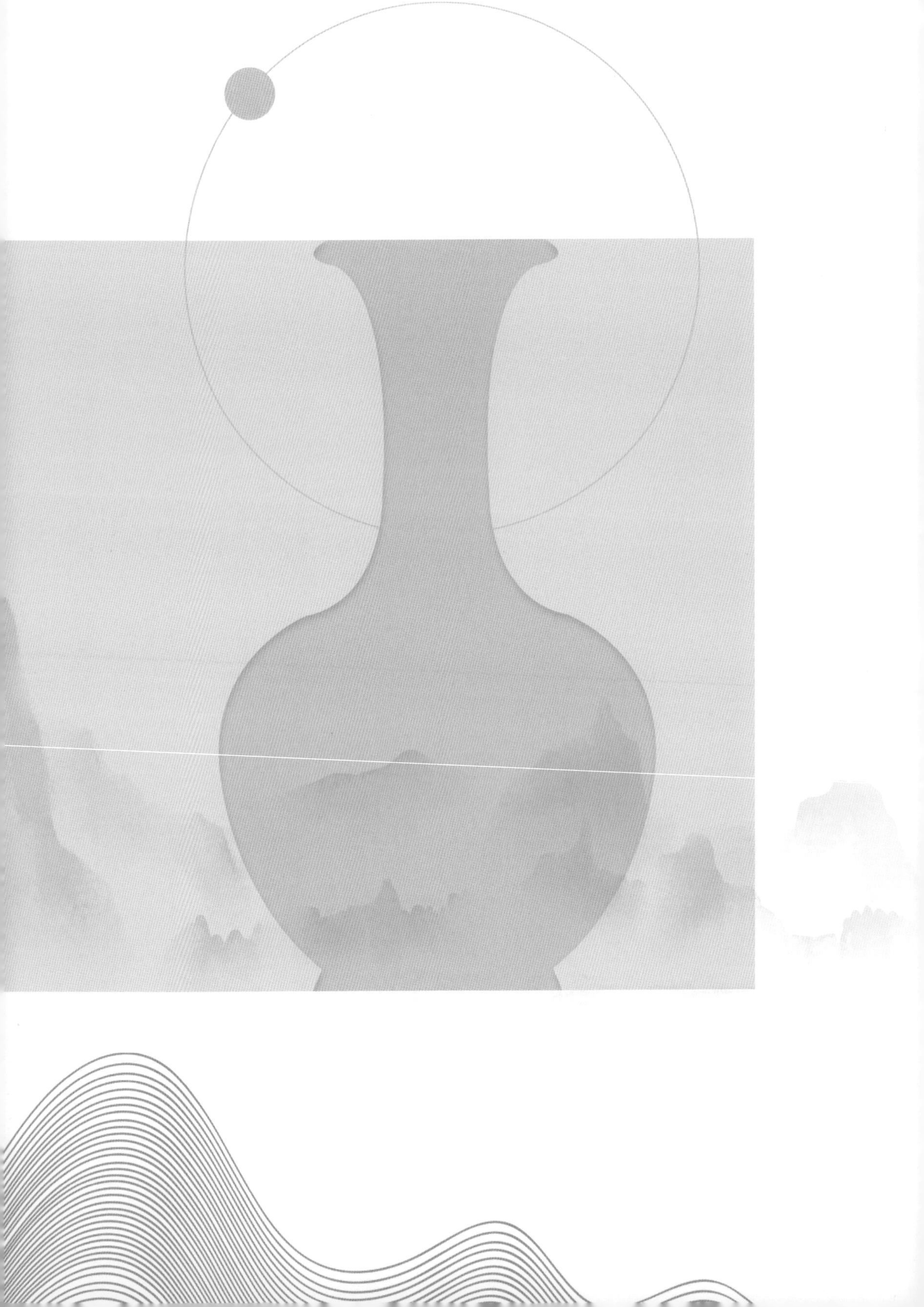

唐代，
制瓷之业昌盛，
南瓷以青为冠，
北瓷则以白称雄，
构成南青北白之独特风貌。
南越窑烧造青瓷，
北邢窑制白瓷，
各领风骚。

# 唐

·邢窑长颈天球瓶

玄宗的
贪婪
把类银类雪的
邢窑
成了大盈库的
镇库之宝
从此
开创了官窑的先例

将民脂民膏
耗费在官窑的烧制中
宋元明清
列朝历代
都有自己的
专款专式
一朝比一朝专执
一代比一代痴迷
几乎无法收拾
更有
康、雍、乾的疯狂
胜过对江山的贪恋
为成新器
不惜千金
终将财力耗尽
江河日下

已挽回不了
颓废的命运

官窑
华夏的瑰宝
祖先
智慧的结晶
只有在
绝对
封建专制的
皇权之下
才能
烧制成的
圣物
一件官窑
千人血汗
虽博取了
世人的崇拜
别忘了它身后的
辛酸

**唐邢窑长颈天球瓶**

此瓶撇口，长颈，丰肩，圆腹，圈足。通体洁白，不加装饰，胎土细腻，釉色明净施，造型美观，保存完好，是唐代邢窑精品之作。邢窑为北方白瓷名窑，始烧于北朝，兴盛于唐代，终于元代，烧造时间九百余年。其技术水平在隋代已登峰造极，烧制出具有高透影性能的细白瓷。整器造型典雅，包浆自然，是存世不多的唐窑精品，价值极高。

# 唐

·青花摩羯鱼耳纹四系橄榄尊

器型的恢宏
彰显大国的风韵
发色的深沉
唯见苏麻离青
千年前的包容
收纳了欧亚的文明
小小的地球
本是一个家庭
和睦相处
交流亲情
才能造就
彼此的繁荣
大唐的宽容
树起了
立国的标本
那隽永的四系
把八方联结在
一起
物质的高度丰余(鱼身)
才能像龙（龙首）
一样飞腾

**唐青花摩羯鱼耳纹四系橄榄尊**



尊呈橄榄型，撇口，短颈，溜肩，外壁以青花为饰，绘摩羯鱼耳纹，青花发色浓艳，线条流畅生动，极具艺术性。摩羯，又称摩伽罗，本是印度神话中水神的坐骑，是一种长鼻、利齿、鱼身的水兽，它的形象来源于鲸、象、鱼、鳄等动物，因“摩羯以肉济人”，成为佛教圣物。

# 五代十国

## 制精色异

五代十国，
政权更迭，风云变幻。
瓷窑虽少，而瓷器品质日臻完善。
秘色瓷与柴窑瓷，成为时代之珍品，
绽放异彩，备受推崇。

# 后周

· 柴窑红釉贯耳尊

千年的误判
只认
雨过天青
不看
云破处
把汝多彩的娇颜
误认为一种青色
雨后云破
才泄现
赤橙黄绿青蓝紫的
多彩光泽

乾隆收藏的是黑色
明人得到的是黄色
更有制精色异的
记载
柴窑出北地
早有历史定论
竟还有近人的胡扯
硬拉成越地秘色
明如镜
薄如纸
声如磬
明代人把你排在
名窑之首
丝毫没有僭越
唯有你能
独步瓷坛
总有一天
历史将还你
独具的七彩本色

柴窑是后周柴荣创烧,他当时说“雨过天青云破处”,所以历来都只读懂了前半句“雨过天青”,其实,这只是状语,为了点明后半句的“云破处”,雨后云破泄下七彩的虹霓,柴世宗要达到的就是这七彩的器物。由于陶瓷界的误判,以为只是一种天青色。因此,成了“柴窑虽贵,世不一见”之物,事实上“制精色异”的柴窑早有定论,乾隆收藏的四只碗就是黑色,清代人杨望泰收藏的是黄色。柴荣为了让十万大军在战时能迅速结集,让不同的军种腰系不同颜色的水壶,是为了战争的需要。他还要求柴窑轻薄如纸,便于行军的方便。柴荣年轻时在窑场烧过窑,因此,他绝不会凭想象胡说,柴窑最后成为六大名窑之首绝不是偶然的,明代宣德年间的《鼎彝谱》中就将它排在名窑之首,为柴、汝、官、哥、定、钧!

## 后周柴窑红釉贯耳尊

此瓶直口，短颈，颈部饰堆成双贯耳，圈足。通体施彩釉，器身起弦经纬纹，纬线平均饰于肩部，经线平行于双耳间，为单纯的器身增添变化，更显雅致之姿。本品器型古朴，典雅隽秀，釉质肥厚滋润，古韵悠然。

# 宋

## 简约为上

宋代，

文人雅士推崇清淡含蓄之美，故宋瓷以雅淡见长。

五大名窑：汝、官、哥、钧、定，名扬天下。

此外，建窑、磁州窑、耀州窑、龙泉窑、景德镇窑、越窑等，

亦绽放光芒，璀璨夺目。

# 宋

·官窑贯耳尊

紫口铁足
彰显了皇家特殊的容颜
满身冰裂
是烈焰中挣扎的
缺陷
却博得了世人的
惊叹
劫难中
分成了南北
总改变不了
一身青翠
北国的强盛
铸就骨子里的
坚硬

南渡的
无奈
时时升起辱国的
寒意
多次上釉
也难温丧权的
冰心

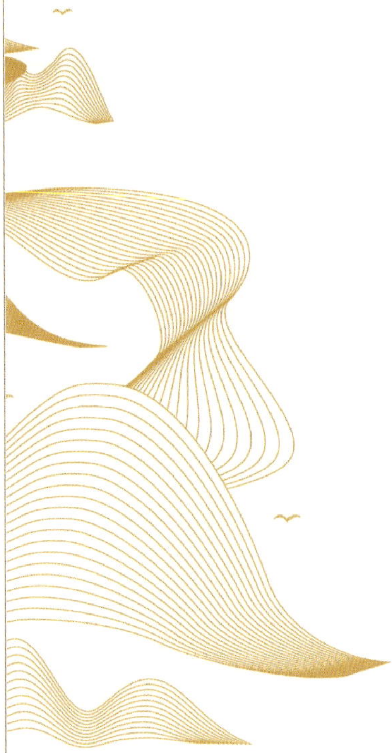

**宋官窑贯耳尊**

2017 年厦门金砖五国峰会展出

整器仿投壶造型，古朴圆浑。敞口微撇，直颈，垂鼓腹，圈足露胎，颈部饰两组双道弦纹，弦纹间堆塑对称贯耳。通身施青釉，釉质匀净，釉色似拂晓的天空，幽蓝而深邃，自然开片更添韵律，而南宋官窑有多次上釉的工艺特点。

宋

·哥窑贯耳小尊

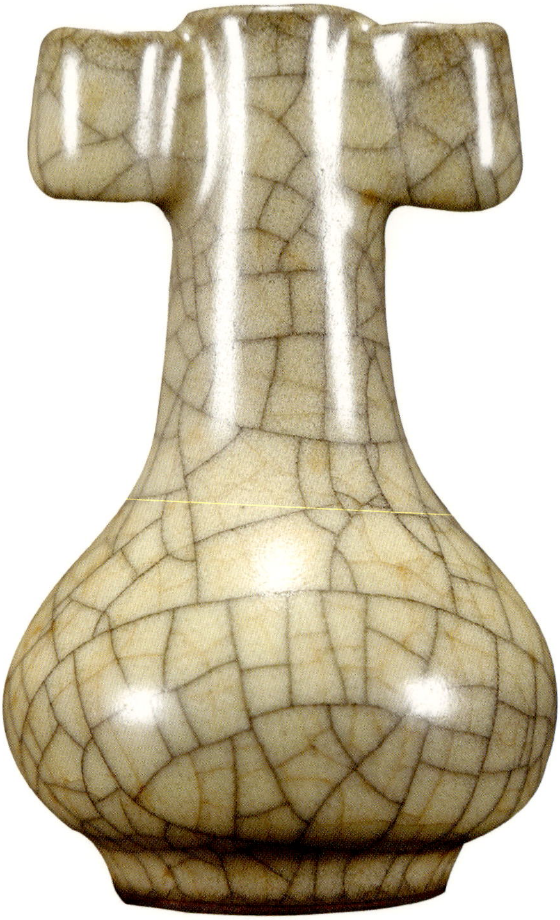

穿越了千年
至今未找到
何地诞生
有说在江南龙泉
有说在南宋都城
满身的冰纹
是皇家血脉的遗存
高温中
炼就了聚沫攒珠的晶莹
弹扣间
似修行百年的高僧
敲打木鱼发出的
响声

无欲无念的

沉闷

金丝铁线

代表了高贵和贫贱

却那么相容于一身

这是最高境界的美

相互包容

是世界和谐的象征



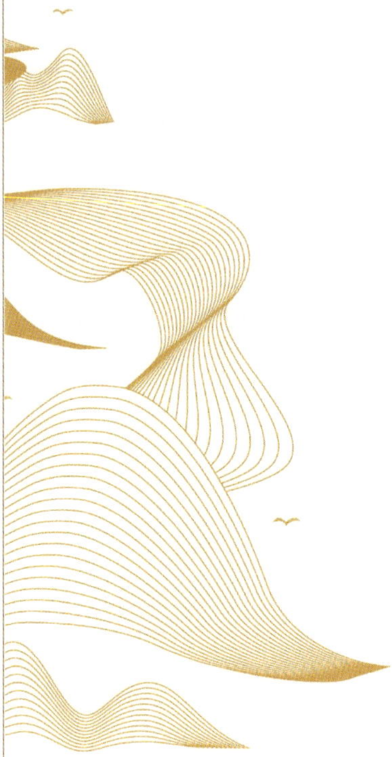

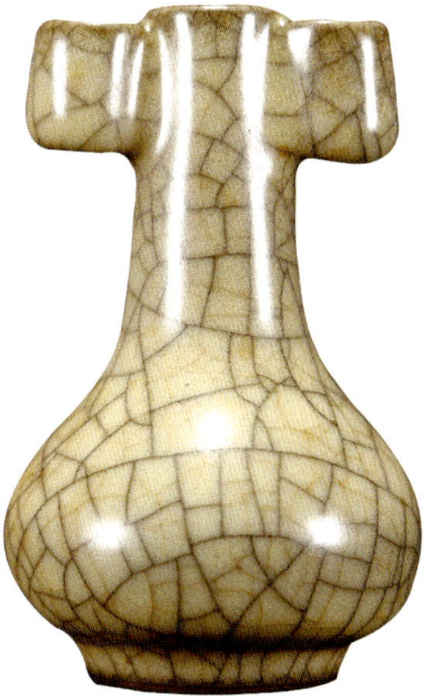



**宋哥窑贯耳小尊**

2017 年厦门金砖五国峰会展出

整器仿青铜器投壶造型，长颈，垂鼓腹，口沿堆塑对称贯耳。足沿露黑胎，胎质坚实，内外通身满施米黄釉，釉质厚润犹如凝脂，满布“金丝铁线”，深浅两色交织，大小相间，富于变幻。该瓶为哥窑贯耳瓶中难得一见之小器，却小中见大，尽显大气之美。

宋

·定窑瓜棱形四方观音瓶

洁白晶莹
是大唐血脉的
传承
匍匐在窑堂内
任烈焰吞噬
忍受煎熬
默默无声
印花 刻花 划花中
留下了竹丝泪痕
复烧的芒口
被误判会勒唇
遂被逐出高墙宫苑
其实是徽宗
迷恋道教
才崇尚了青色

华夏百姓的血液中
流淌着
忍辱负重
匍匐感恩的血液
默默认从
朝廷的信仰
皇帝崇青
民不敢尊于白
而且尚要圆出
以汝代定的谎言
给世界留下
千年的误判

**宋定窑瓜棱形四方观音瓶**

此瓶敞口，细颈，腹微鼓，方底。整器呈四方形，四面内刻瓜棱样式，釉色明亮，朴素自然。净瓶也叫军持、大吉瓶或藏草瓶，是比丘十八物之一，是古代云游僧人饮水、净手用的器物，所以又叫水瓶或澡瓶。方形瓷器制作难度非常高，与圆形瓷器不同，方形瓷器制作需要先通过拼接再进行烧制，烧制时拼接处易开裂，固成品稀少，此瓶为宋定窑难能可贵的瓷器精品。

# 宋

## ·定窑孩儿枕

以汝代定
失去了昔日的荣耀
还贵列名尊
胎体轻薄
却无比坚硬
承托着
主宰天下的头颅
虽历经
千年风霜
仍
白如雪
凝如脂
微笑中
蕴含着万般天真
纯洁的心念
撑起
江山的传承

一念无私

方可成为

社稷的依托

繁衍

生存

靠着年轻的生命

**宋定窑孩儿枕**

此件孩儿枕应为日常生活用品。造型活泼可爱，健康儿穿着衫裤及背心趴在锦垫上，双脚往后交叉，一副悠哉状，惹人怜爱。此枕以前、后模压制而成，再以刀剔刻脸部五官及衣着线条，使其表情更生动明确。器底平整，左右耳挖有两小圆洞，这是为避免烧造时因器内密闭，空气热涨而爆裂。釉牙白略带灰。定窑在烧造时因以煤炭为燃料，窑内为氧化焰气氛而使釉色泛黄略带灰。在器底有几处流釉现象，此即文人们所形容的“泪痕”。特别值得一提的是，防高温中被炸裂的出气孔并不是开在底部，而是用孩儿的双耳孔作为出气孔，真是匠心独运，胜人一筹，也是宋定窑中的杰出之作。

# 宋

## ·定窑葫芦瓶

纯净如雪
微黄似牙
轻盈的体态
无忧的象征
犹如纯情少女
扭动着
婀娜的身姿
满腹欢乐
无以外溢
唯有你
最配得上这个名字
定要福乐

**宋定窑葫芦瓶**



2017 年厦门金砖五国峰会展出

葫芦形，细短颈，束腰，浅圈足。胎骨细腻坚实。上半部光素无纹，下半部刻划莲纹一周，寥寥数笔，飘逸灵动。外壁满施白釉，呈象牙白色，莹润光洁，透亮匀净。足沿涩胎，底部钤刻“易定”款。葫芦是“福禄”的谐音，吉祥的象征，代表了吉祥快乐，福禄万代，属定窑中的珍稀之物。整器薄胎薄釉，纤巧简素，体现了北宋定窑白瓷的超高工艺。

# 宋

## ·汝窑鼓钉洗

鼓声
奋进的催促
胜利的前奏
鼓
是有志者
崇敬的象征
文人将鼓形作成洗
为时刻勉励自己
徽宗也想用笔墨
绘出繁荣太平
把辱国之耻
一夕尽洗
还天空一碧纯青
历史的脚步
不按愿望迈进
违背民意
终将成为
罪人
此时
鼓
成了战斗的
象征

**宋汝窑鼓钉洗**

2017年厦门金砖五国峰会展出



文房用具，用于洗笔，亦称笔洗。取形自圆鼓，下承云头形三足。外壁口沿下、近底处各饰一周鼓钉纹。裹足满釉支烧，底部留有三枚芝麻钉。内外通身施天青釉，釉色纯正，釉质匀净、细润如脂，釉面满布细小开片，灵动自然。折沿、纹饰凸起处香灰胎若隐若现，与天青釉相映成趣。该洗早年入土，曾入藏明宫，配以精致的黄花梨底座。底座由三只菱角相连，寓意心诚则灵。

# 宋

## ·钧窑玫瑰紫海棠形花盆

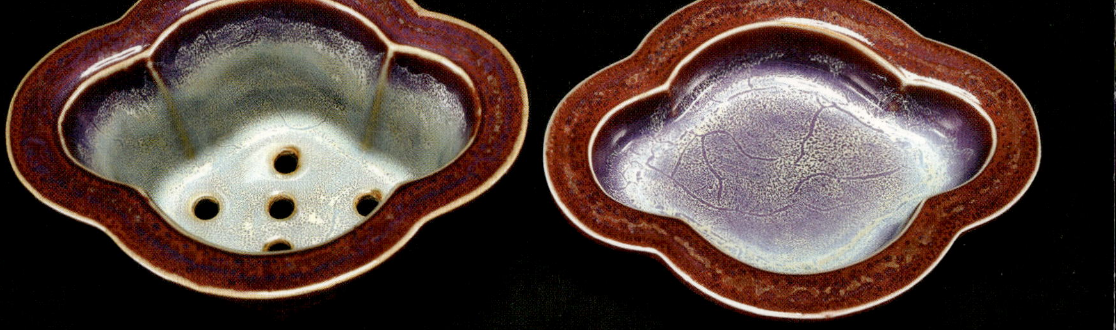

一身紫气
满室霞光
轻盈的身姿
弹扣间
音量低沉
却难掩贵族的身份
她日夜等待
品位相称的幽兰
期盼相谐的因缘
若无缘相遇
宁可独善其身
也不愿将就凑合
天生的丽质
无论置身何处
本都是一帧
绝世的画作
历来评说
家财万千
不如钧窑一片

这是被钱
蒙住了双眼
忘却了它真正的容颜
遭诟病的香灰胎
正是心底宽松的
根源
二次复烧
一身霞紫
入窑一色
出窑万千
满天彩霞
显露出王者的追求
却全凭天意
更见无声的蚯蚓
行出千年历史的
轨迹
顺从民意
方能国运昌盛

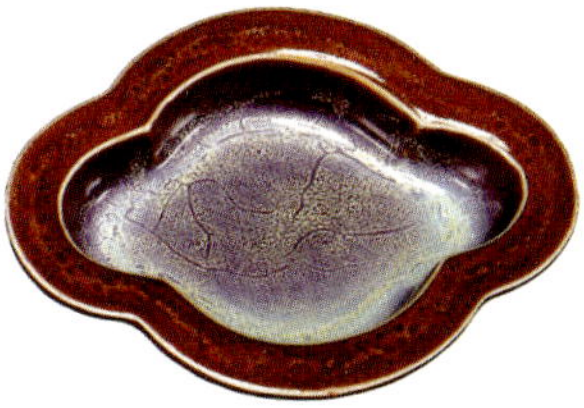



## 宋钧窑玫瑰紫海棠形花盆

此洗海棠形口，翻沿，斜直腹，下承四矮足。通体施窑变玫瑰紫釉，含蓄内敛，恬淡怡情。海棠洗器型典雅端庄，釉面开片自然，韵味十足，为宋钧窑之杰作。

宋

·越窑秘色瓷蛙心洗

北方
还是邢窑一枝独大
你却独霸了南方
青如天
占尽了时代的风韵
却沉寂了千年
只闻其名
不识真容
直到法门寺塔的
倒塌
才显露出
千峰般的翠色
上林湖的九秋风露
蕴涵了江南的灵秀
狭长的灰色支条
撑起了
巍峨的雄壮
特有的线刻和捏塑
留下万年隽永的

纹饰

一汪清水
调出了
七彩的颜色
却绘成了
缺失的江山

## 宋越窑秘色瓷蛙心洗

文房用具，中间青蛙作盛水用，盘瓣为调色用，应是作画时的调色盘，构思巧妙，匠心独具。胎体轻薄，胎釉结合紧密。通体施青釉，釉面光洁莹润，釉色沉静不甚透亮。器形为一蛙蹲伏于浅盘之上，鼓目朝天，背部有一圆筒形口，圈足，底部有支条垫烧痕迹。盘内壁刻划两重莲瓣纹。该瓷洗造型独具匠心，制作精绝。

宋

·磁州窑莲花纹梅瓶

以胎当纸
绘出动人的画面
生活中的情趣
无不在此体现
游鱼飞鸟
瓜果虫草
更有娇态的
婴戏
社会的面貌
人文的风俗
是最佳的反映
每一片瓷
都可作千年历史的
考证
黑白分明
是磁州窑的典型
也是
人类文明的
象征

## 宋磁州窑莲花纹梅瓶

此瓶撇口，短颈，丰肩，腹下渐收，平底。外壁施黑釉，釉面薄而均匀，釉色莹润，赏心悦目。以莲花与莲蓬为纹饰，鲜明夺目，剔花精巧，雕纤细线条，更添立体感。磁州窑的瓷胎剔花艺术，吸收了传统水墨画和书法艺术的技法，创造出具有水墨画风味的装饰艺术，突破了当时流行的五大名窑的单色釉局限。

宋

·耀州窑牡丹纹执壶

在脆湿的胎面
似乎听到了
刀斧的砍削之声
爽快
凌利
立体的花瓣
在风中摇曳
肥厚莹润的包浆
还原了千年的岁月
满腹灵动
一身娇贵
不是名窑
却胜过名窑

## 宋耀州窑牡丹纹执壶

此壶小口，束颈，折肩，圆腹，圈足。通体施青釉，玻璃质感强，匀光明亮。壶肩部一侧出双鸡首嘴，另一侧出泥条带状曲柄。腹部剔刻花叶纹。本品整器造型美观，纹饰精美，为北宋耀州窑之经典作品。

宋

·影青温壶

那蓝
像冰翠似的养眼
纯净得
忍住了呼吸
怕浊气模糊了你
清澈透明的釉面
千年前的诗人
就赞你如冰似玉
如今
娇容
丝毫不减当年
见了你
五大名窑
何敢冷眼
赞美中
不能忘了
你的诞生地
湖田

## 宋影青温壶

注壶直口，曲柄，圈足。温碗作六瓣葵花形，深弧壁，圈足。注壶与碗通体施青白釉，釉质莹润，极具玉质感。温壶即水注，系五代到北宋时期流行的温酒酒具。由注子和注碗上下两部分组成，注子为分酒器，注碗又叫温碗，有注热水保温和注冷水冰镇两种功用。

宋

·汝窑纸槌瓶

从血脉中
流淌的高贵
淡淡的青色
是雅致里
走出的
极简
小如针眼的支钉
竟然撑起了
雨后的青天
满釉裹足
显出贵夫人婀娜的娇颜
隐在釉下的斑斓纹饰
彰显了千年的
秘密
玛瑙入釉
树立了瓷坛独尊

**宋汝窑纸槌瓶**

瓶盘口，长颈，折肩，直腹，平底。全器呈腴润的天青釉色，直长颈、斜宽肩、折为上丰下敛的腹部、平底，底部有五枚细小支钉痕。这一造型因形似纸槌而得名，其实是以玻璃瓶或樽的方式，自伊斯兰地区西部（或为伊朗）传入中国。造型端庄典雅、胎质细腻，釉面温润如脂，有缩釉点和开冰裂纹现象，即蟹爪纹，整器釉面上的气泡寥若晨星，工艺上有满釉裹足五点支烧的痕迹。该器为手拉坯制成，并经满轮修整，工艺精细，线条流畅，棱角自如，形体得当；总之，此器汁水莹厚，有如堆脂。以玛瑙作釉料，形成特殊色泽和玛瑙结晶体的分离，器表面出现鱼鳞状的细小开片，都符合宋代汝瓷的风格与特征。瓶底的五个支钉中间刻有诗文：出九曲，黄河水不黄。一个孝子自西来，手掘乾纲天下安。诗的左侧刻有宋徽宗落款“天下一人”。

宋

·定窑埙形水注

在远古的时候
人们还没文字
却有了对美的追求
掬一捧黄土
把它捏成
心的模样
挖出孔
捧在手心
吹奏出
梦幻般的心曲
悠悠的埙声
化干戈成玉帛
消烦躁为沉静
大地融入
一片祥和的梦境
更喜宋人
竟然
产生对原始的崇拜
用类银类雪的
白定
烧成了你
倩倩的身影

把心血注入砚中
磨成的墨
没能描绘出
江山永固图
低沉的埙声
却吹奏出了
千年的遗恨

**宋定窑埙形水注**

此水注仿埙形，小口，溜肩，圆腹，圈足。口沿、壶嘴、曲柄、圈足均镶金。壶盖上设红宝珠形盖钮，盖钮底部栓金锁与曲柄上部相连。腹部刻莲花纹。定窑创烧于唐，极盛于北宋及金，终于元，以产白瓷著称，被誉为“宋代五大名窑”之一。本品造型奇趣，器面莹亮，胎体洁白，刀法利落，莲花委婉，简洁清雅，为宋代定窑之臻品。

# 宋·建窑鹧鸪盏

夜色深沉
满月高悬
微皱的池面
银光闪烁
满月
一个挨着一个
相互映衬
显得亮丽幽雅
这正是徽宗
希望在茶盏中
营造的梦境
穿越了时空
幻化出千年前的
斗茶盛景
对饮中
一派歌舞升平
忘却了
庭前已闪烁着
刀光剑影
一味寻乐
终成千年冤魂

**宋建窑鹧鸪盏**

2017 年厦门金砖五国峰会展出

此盏敞口，深弧腹，圈足较浅。盏内满施黑釉，外壁施釉近底，釉质凝厚，乌黑发亮。内壁散落数枚凸起白点，晶莹饱满。黑如漆，白如珠，黑白分明，似鹧鸪羽毛，也似珍珠，活泼灵动。

# 宋

· 吉州窑木叶盏

把干枯的桑叶
在熊熊的窑火中
定格在盏中央
历经千年
纹理
还是那样的明辨
只有无敌的神力
才能造就此奇迹
也诠释了
桑能通禅
历来
佛徒遵循着

饭后三盏
眼清
口清
心清的规矩
悟导人生
出言行事
需处处脉络清晰
像注视的天眼
虔诚的圣徒
用它时时鞭策自己
作为终生
相伴的圣物

## 宋吉州窑木叶盏

本品敞口，弧腹，圈足，釉面黑亮，施黑褐釉不及底，胎足修刀随意自然，胎体微黄，取天然树叶贴于碗心，再敷罩透明釉入窑烧制而成。整器形制儒雅可餐，色泽沉穆深杳，碗心之木叶纹，丝丝脉络清晰，甚得自然机趣，殊胜不可言妙。

# 二元

## 崇蓝尊白

元代，

青花与枢府釉为代表，彰显时代风采。

因蒙古族尚蓝白二色，故青花瓷盛行于时。

而枢府瓷，

作为元代军事机关枢密院定烧之宝，

亦匠心独运，气派非凡。

# 元

## ·珐琅彩孔雀蓝釉龙纹盖罐

那蓝
蓝得深沉
蓝得碧眼
像一尊祖母绿的
大罐
晶莹剔透
隐现着腾龙的金线
这是堆粉立筋中
自然的显现
突发奇想
如果在白色的
蒙古包中
展示了这件大罐
蓝白相映
将幻化出
多美的画面
可能是
忽必烈的过于迷恋
才在征战
日本
爪哇中

屡屡挫败
她会消耗
战士的意志
痴痴地瞟上一眼
真的会让心醉去
沉睡千年

### 元珐琅彩孔雀蓝釉龙纹盖罐



此罐直口，矮粗颈，丰肩，圆鼓腹斜下收，圈足。附荷叶盖，莲藕形钮，盖面饰缠枝花纹，器盖塑成荷叶形，线条自然柔美。盖罐通体施珐琅彩孔雀蓝釉，釉面光亮。颈部刻划莲瓣纹，腹部以龙纹为饰，足饰蕉叶纹。荷叶形盖罐流行于元代，器型饱满浑圆，为盛酒器。本品器型庄重，气势不凡，具有鲜明的元代政权“统一四方”的大气风格。

陶瓷界误认为珐琅彩系康熙时期创烧，事实上，康熙只是恢复了瓷胎画珐琅的工艺而已。试想，元朝将珐琅料从法国佛朗西斯科小镇引入中国，在铜胎上广施珐琅彩，怎么会不用于瓷胎？此罐是最好的见证！

# 元

## ·蓝釉白龙纹梅瓶

马刀铁蹄
统治了华夏
扫荡了欧亚
枢密院
成了
最高荣誉的府第
理应享受
顶级的供奉
卵白的饶窑
宝石蓝釉的枢府瓷
是皇冠上的瑰宝
镶嵌在枢密院殿堂
忽必烈的伟大
都误以为是创烧了
元青花
却忽略了
熠熠闪光的
瓷中蓝宝石

## 元蓝釉白龙纹梅瓶

此瓶折口，短颈，丰肩，做八棱腹，形制严谨硕大，气势夺人。瓶身以蓝釉为饰，釉面莹润匀净，釉色深蓝暗沉，其上以白釉绘龙纹，鳞龙身姿遒劲，怒目圆瞪，爪刃锋利，作腾跃之状，大气磅礴。陈列在元代最高军事机构枢密院中，因此器身有青花枢府款。这种蓝釉又名霁蓝，又称“积蓝釉”“霁青釉”“祭蓝釉”，色彩深沉，呈色稳定，多为祭祀和陈设用瓷。

元

·青花鱼藻纹大罐

黑褐色的钴料
高温下
变成了湛蓝
与洁白的胎面
相映成趣
引诱了多少痴迷者
青与白
是蒙古人的崇拜
仰望雨后的蓝天
枕靠洁白的蒙古包
自小的血液里
流淌着
这两种颜色
青与白
也是做人为官的
标杆
八百年来
叮嘱了一代又一代

## 元青花鱼藻纹大罐

盛器。罐盖遗失。盘口处饰有一周菱形几何纹，颈、肩部分饰缠枝菊纹、缠枝莲纹；腹部主题纹饰为鱼藻纹，穿梭于莲、藻之间的鱼与“荷叶、莲花、浮萍”正是“和平、清廉、富贵”的寓意。

# 元·龙泉窑荷叶盖罐

一汪碧眼的春水
凝聚了你的倩影
撑起了瓷坛
南青的美誉
是龙泉的清水
才能调和出
如此养眼的
颜色
荷叶是和谐的象征
蒙汉一家
忽必烈的心声
奏出了元代
近百年的强盛
最单纯的是百姓
谁给他生活富足
谁就是他的恩人
一部元史
足以盖棺（罐）
定论

## 元龙泉窑荷叶盖罐

2016 年杭州 G20 峰会展出



荷叶盖，莲藕形钮，盖面饰缠枝花纹，器盖塑成荷叶形，线条自然柔美，直口，矮粗颈，丰肩，圆鼓腹斜下收，圈足。施青釉，釉面光亮。颈部刻划莲瓣纹，腹部主题纹饰为云凤纹，近足处饰蕉叶纹。罐内衬底，足沿露赭红涩胎一周。荷叶形盖罐流行于元代，器型饱满浑圆，为元代龙泉窑之精品。本罐器型庄重，气势不凡，具有鲜明的元代时在政治上“统一四方”的大气风格。此罐为盛酒器，制作于龙泉窑鼎盛时期。

# 明

独步瓷坛

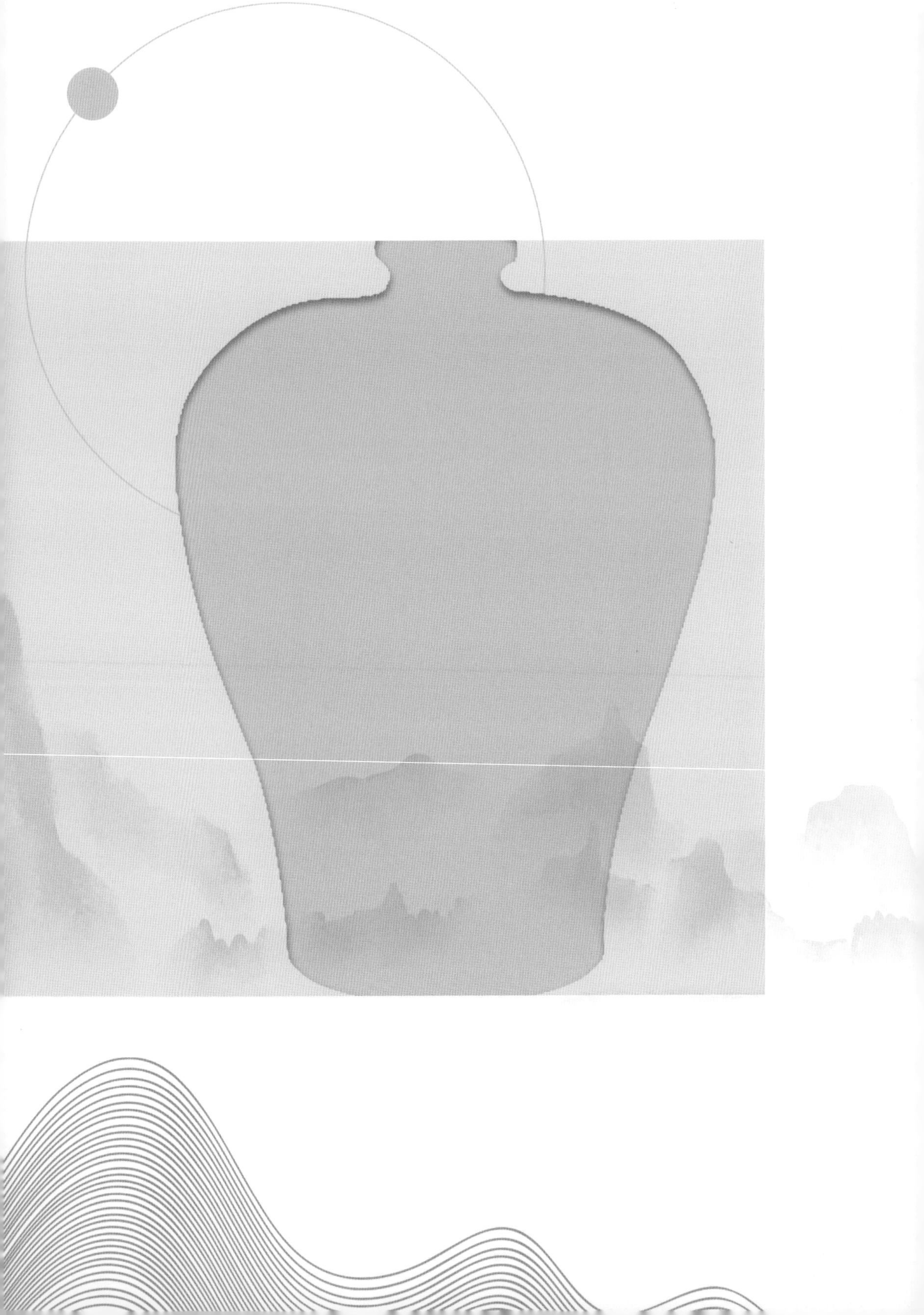

明代，

彩瓷缤纷，青花、斗彩、五彩竞相斗艳。

永宣青花、成化斗彩、嘉靖五彩等名作，

光耀当世。

此外，

永乐甜白、宣德宝石红、宝石蓝、

弘治娇黄等颜色釉，

同样令人赞叹。

# 明

## ·洪武釉里红松竹纹执壶

器型魁伟
彰显了豪迈气概
模糊发式
才有看清的冲动
一目了然
失却了追寻的兴趣
晕散中
才彰显想象的韵味
摇曳间
晃动着朦胧的
美景
那是
垂死中奋起的倔强
贫境中炼出的高贵

## 明洪武釉里红松竹纹执壶



此壶小盘口，长颈，溜肩，垂腹，圈足，壶身作玉壶春瓶式，壶体一侧置弯曲细长的壶流，并以一云板形饰件与壶身相连，另一侧置曲柄，连接于颈腹之间，柄上端置一小系。外壁通身以釉里红为饰，颈绘蕉叶纹一周，腹部绘岁寒三友图。本品造型优美，纹饰线条流畅，釉里红成色偏灰，绘画粗犷而不失工整，具有鲜明的洪武时期特征。

明

·永乐珐华彩梅瓶

一尘不染的湛蓝
还泛着荧光七彩
似一位与尘世隔绝的村姑
从霞光中款款走来
谁人能信
她曾冰封了七百年
轮廓分明的面容
勾勒出立体的五官
她曾经历了二次烈火的熔炼
仍没沾上世俗的尘埃
谁言民俗风貌
上不了台面
她被恭恭敬敬地
请进了永乐大殿

**明永乐珐华彩梅瓶**

此瓶唇口，短颈，丰肩，腹下渐收，圈足。外壁施珐华彩，用“堆筋沥粉”的技法装饰，肩部绘云纹，腹部绘荷花莲叶纹，足部绘水草纹。本品整器规整，釉色幽蓝，绘画清新，线条流畅，瑰丽多彩。此明代珐华彩器烧制精细，殊为难得。

# 明

## ·永乐甜白釉梅瓶

白如纸
莹似雪
薄似蝉翼
光照见影
透壁显纹
瞟一眼
甜甜的
融化在心里
映出永乐皇帝的心迹
夺位弑侄
只为江山的
永固
社稷的安宁
正邪之分
只看
百姓的富足
生活的甜蜜
铸就了大明强盛的
百年
苍天可鉴

## 明永乐甜白釉梅瓶

撇口，短颈，丰肩，腹下渐收，圈足。通体施甜白釉，温泽柔和，莹洁如初雪，朦胧似透纱，彼时青花所用之透明釉多了一分甜意，故此得名。本品造型高雅，釉色凝润，莹亮光致，为永乐重要瓷品。

# 明

## ·宣德宝石红釉龙纹碗

传说
是孝女跃身炉中
为父
用血脉
铸就的容颜
如火如荼如血
把炉膛的烈焰
升华到了极点
几天的熔炼
终于
得到了
宝石般的还原
见了你
红胜火的旭日
躲在云后
羞于露脸
后代竞相仿效
最著名的
郎窑红
也难以比肩
一枝独秀
红过千年

## 明宣德宝石红釉龙纹碗



撇口，直壁，深腹，圈足。内壁及底部施白釉，外壁宝石红釉地衬托白色双龙赶珠纹，宝石红釉发色鲜亮，红白相映，甚是夺目。近足处饰一周仰莲纹，龙纹及莲纹均刻划而成。底部刻双圈，内有“大明宣德年制”六字楷书双行刻款。

# 明

## ·宣德宝石蓝釉大碗

世人都赞
大海的蔚蓝
见了你
谁还有此胆
凝脂般的纯净
胜过明镜台
哪容得下
半点尘埃
望一眼透彻的蓝
心底的震撼
会忘掉整个世界

## 明宣德宝石蓝釉大碗



胎体厚重，胎质洁白细腻。圆唇，口微外撇，深腹宽阔，弧壁，圈足。施宝石蓝釉为地，内留白暗刻双龙纹，两条五爪神龙首尾相接，白龙身躯矫健，须发飘扬，四肢伸张，呼之欲出，蓝彩点睛，愈显神采，在莹润肥厚、幽蓝深邃的宝石蓝釉的映衬之下，似在苍茫无际的大海中遨游，寥寥数笔，神态生动，构图简洁，蓝白相间，鲜明醒目，气势磅礴。近足处饰仰莲纹。龙纹与莲瓣纹施白釉而成。圈足足沿一周露胎，修足规整。足底有青花双圈“大明宣德年制”六字双行楷书款。

明

·宣德青花缠枝莲纹梅瓶

满腹经纶
总厌口小
吐不尽心中的烦闷
文人嗜酒
借酒消愁
却愁更愁
未知何人
索性插上梅枝
欲说还休
却道梅花最解愁
自此后
梅花斜插
成一幅应景画
也从此
落下一个公认的
美名
梅瓶

**明宣德青花缠枝莲纹梅瓶**

2017 年厦门金砖五国峰会展出



此瓶唇口，短颈，丰肩，圆鼓腹，圈足，通体施白釉，釉色盈润，胎质细腻，底露胎，外壁以青花绘纹饰，肩部和足部饰上覆下仰莲瓣纹各一周。主题纹饰为青花缠枝莲纹，卷曲连绵，花枝婉约华贵。整器器型端庄秀美，釉汁厚润泛青，青花发色沉着。圈足打磨光滑，抚之细腻。肩部横向从右向左书青花“大明宣德年制”六字楷书。

# 明

## ·宣德青花龙纹梅瓶

出身非凡
麻仓胎土
干糯滑溜
胜过小儿肌肤
彰显骨子里的
高贵
苏麻离青
是贵族的血脉
晕散中
凸显典雅的朦胧美
铁斑
时代烙下的印记
紧皮亮釉的
玻璃光泽下
透出
淡雅清丽的面容
连雍正和乾隆
都竞相效仿
留下了

难以忘怀的
点巽渲染
炉膛中
先后只烘烤了七年
却独步瓷坛
跨越千载

明宣德青花龙纹梅瓶



梅瓶带盖，溜肩，鼓腹，腹下渐收，平圈足。通体施白釉，绘青花云龙海水纹，肩部青花楷书“大明宣德年制”。此瓶胎质细腻纯净，釉层滋润沉静，青花发色明快，烧制技术为明代巅峰。整器线条流畅，纹路清晰，一气呵成，五爪龙纹气宇轩昂，不怒自威，具有极强且独特的艺术感染力，为历代龙纹之至尊典范，宣德青花之御用珍品。

# 明

## ·宣德瓷胎掐丝珐琅龙纹梅瓶

谁信
谁信
谁信
能在脆软的胎上
嵌入刚硬的金线
再描上色彩鲜亮的珐琅
通体宝光闪烁
透亮晶莹
瓷界误传
康熙朝才创烧
瓷胎画珐琅
其实，元朝就有了
绝世佳作
明朝只是有了传承
实物
胜过雄辩
方能
还历史以公正

**明宣德瓷胎掐丝珐琅龙纹梅瓶**

造型俊美，小口短颈，丰肩，肩下渐收，至足部微撇，器身以掐丝珐琅为饰，描绘海水龙纹，巨龙盘踞中央，双目炯炯，五爪锋利，霸气十足，其下海水汹涌，气势撼人。整器掐丝精细流畅，色彩华美艳丽，一望便知宫廷御匠所制。

# 明

· 成化五彩龙凤高足杯

宣德以青花胜
成化以五彩胜
明朝就有了定论
无光的姹紫
似丹红的枣皮
愈发精神
旭日映照下的薄胎
似婴儿的肌肤
焕发肉红的光泽
腾挪的苍龙火凤
在朝阳中
穿梭追逐
沉醉痴爱的梦幻
谱写了千年的
爱情诗篇

## 明成化五彩龙凤高足杯



此杯胎体致密，泛肉红色。敞口，曲壁，深腹，竹节柄形高足。以红、绿、黄、紫绘一龙一凤穿飞于云间的图案，辅以“卍”字形云纹、火珠纹等，器足饰蕉叶纹及曲折文，碗心绘一火珠纹，纹饰线条柔和流畅。圈足一周露胎，内书“大明成化年制”青花六字楷书横款。

明

·成化斗彩鸡缸杯

微红的胎釉
成化瓷的特征
康、雍仿品
透着苍白的身影
而当时最成功的
却是五彩
收藏
最怕耳朵当眼睛
把成化朝的普品
描成天花乱坠
那只是
成化皇帝的苦心
想用雏鸡的

娇态
勾起万贵妃的
怜悯
冷酷的权欲
是融化不了的
冰心
铸就了后宫
千古冤魂

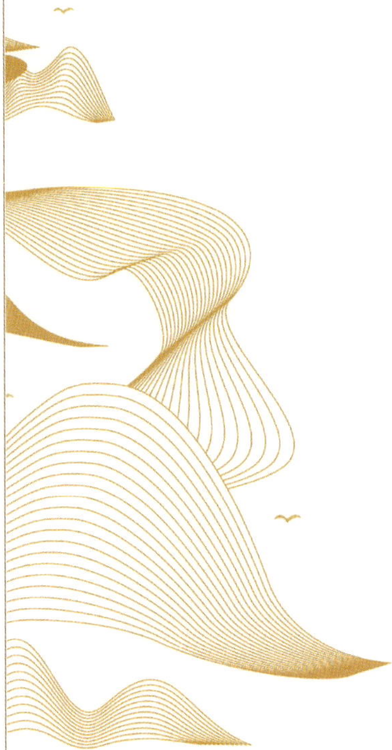

明成化斗彩鸡缸杯



杯侈口，斜壁，卧足，胎薄体轻，釉脂莹润，外壁淡勾青花，内填红、黄、绿等色，描绘母子鸡图，母鸡引领小鸡啄食，意趣十足。整体构图疏朗，色彩清淡雅逸。

斗彩是在宣德青花五彩的基础上发展而来，成熟于明成化时期，先用青花勾出轮廓线，再在这个轮廓线内填上彩。而“斗彩”这个词直至乾隆时才出现，《南窑笔记》中写道：“关于坯上用青料画花鸟半体，复入彩料，凑其全体，名曰斗彩。”在此之前明清瓷书籍中多用“五彩”或“白地青花间装五色”的说法。

# 明

## ·嘉靖青花云鹤地开光五彩龙纹六棱玉壶春瓶

施彩
满满密密
正是嘉万瓷的
特点
也是
爷孙二帝
极度缺乏
安全感的体现
几十年不上朝
连见群臣
都不敢
为求长生
整日炼丹
乏紫的
回青料
正合道家的
所爱
构图
密而不臃
满而不塞

彰显了
艺术上的
灿烂
却难掩
性格上的
缺陷

## 明嘉靖青花云鹤地开光五彩龙纹六棱玉壶春瓶

器型独特，为六棱玉壶春瓶，瓶身以青花、仙鹤、祥云为饰，仙鹤姿态万千，或引首仰望，或回眸凝视，富有节奏变化。瓶身四开光内绘五彩龙纹，各色巨龙威武矫健，霸气十足。玉壶春瓶又称玉壶赏瓶，由唐代寺院里的净水瓶演变而来，宋以后历代各地窑场均有烧制。

明

·嘉靖青花五彩斗笠碗

古时
遮风挡雨
离不开斗笠
掬取斗笠的形
把它用五彩描绘
带紫色青花
在洁白的胎面
呈现出
令人心旌摇曳的
梦幻
眼醉
心醉
神醉
早把过亿的鱼藻纹大罐
甩得远远
你才是嘉靖的
最爱

## 明嘉靖青花五彩斗笠碗

造型优美，胎体细腻，其釉紧皮细薄光感耀眼，青花五彩明丽鲜亮。回青料渲成的青花带着养眼的紫色，映衬着醉人的枣皮红，形成极具视觉冲击的艺术感染力。当之无愧的嘉靖五彩官窑的代表作。

# 清

## 群芳集成

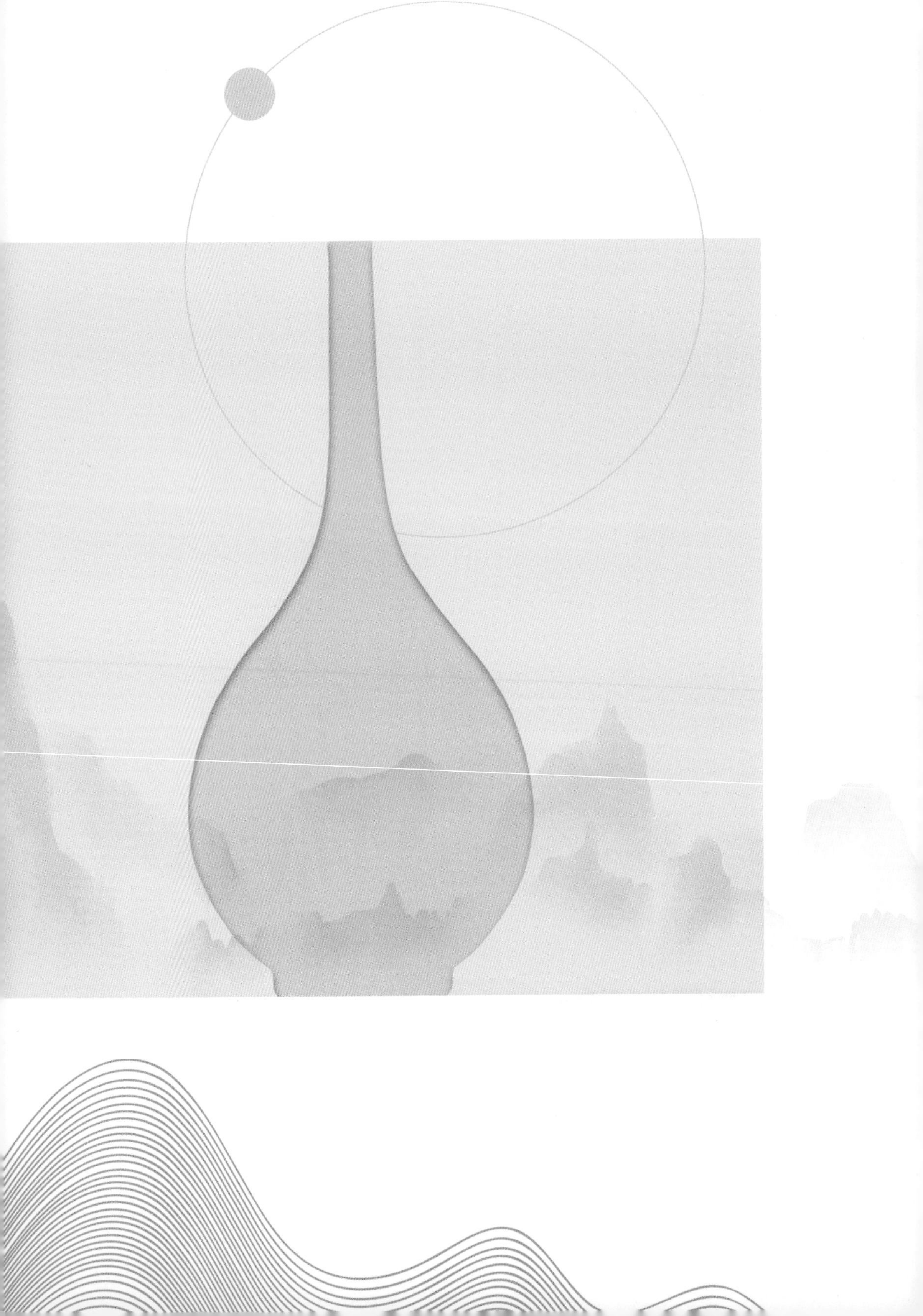

清代，
制瓷之艺登峰造极，
单色釉、青花、五彩、
斗彩等工艺趋于完美。
珐琅彩、粉彩等新技艺大放异彩，
使中国瓷器荣登艺术巅峰，
百花齐放，神品迭出。

# 清

## ·康熙豇豆红太白尊

高温下的你
特敏感
娇贵
炉火几度的变化
都将改变你的
面容
鼠皮
驴肝
马肺
会被统统打碎
点点绿斑
像成熟的豇豆
依此命名
但并非人们最爱
唯有孩儿红和
美人醉
才能被选进宫内
朝为山间土
暮成宫中妃
命运
在烈火熔炼中改变
成败
并非出于偶然

## 清康熙豇豆红太白尊

侈口小巧，外翻如唇，短颈丰肩，半圆形腹，平底，腹部暗刻龙纹，线条细腻流畅，小巧可爱，秀美怡人，器内、器底施白釉，外壁施豇豆红釉，令人赏心悦目，爱不释手，底部为青花楷书“大清康熙年制”款。

清

· 康熙五彩摇铃尊

铃声
在黄昏的寒风中
清脆而悠远
虔诚的善男信女
匍匐在佛前
祈求驱除病魔
与杂念
摇铃
佛门的警示
坚定修身的信心
皈依佛的虔诚
人生五戒
一世遵循
行
如履薄冰
言
从不妄评
摇铃
是禁锢欲望的
魔声
唯有尊上
心花才能常春
成了
华夏
千古遗训

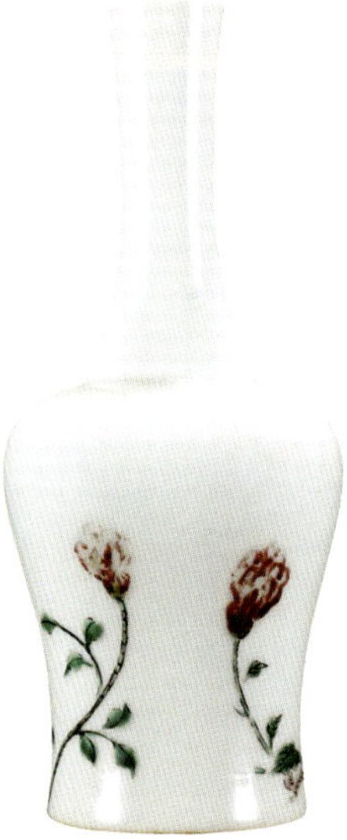



## 清康熙五彩摇铃尊

胎体致密，胎质细腻。小口，细长颈，丰肩，弧形腹下敛，圈足微外撇。白釉清亮光润，釉里红发色浓艳。腹壁饰五彩釉里红折枝花，纹饰清雅。足底为青花“大清康熙年制”六字三行楷书款。

清

·康熙青花万寿尊

形态各异
变化万千的
一万个寿字
将耗尽多少人的
心血
恢宏大肚
容得天下的
屈辱
竖有规
横有矩
方能描绘出世间的
公平
从上到下的延伸
才显出
气韵贯通
一脉传承
谱写了大清朝的
昌盛

## 清康熙青花万寿尊

景德镇御窑厂专为庆贺康熙皇帝六十大寿而烧造，寓意万寿无疆。通体以青花书写“寿”字，口面七十七行，每行二字；口沿四十八行，每行一字；腹一百三十行，每行七十五字；足四十八行，每行一字；总共一万个“寿”字，其设计制造何其宏大！

清

·康熙珐琅彩墨地绿彩缠枝莲纹大碗

墨地绿彩
铸就了康熙时的
绝版
亮如镜面
映出了
一朝强盛的国力
不能说是
康熙大帝的贪婪
足显出他的雄才大略
竟一口
统盛天下
当然
主要靠的是贤政亲民
方天下归心

## 清康熙珐琅彩墨地绿彩缠枝莲纹大碗

墨地绿彩为康熙时期烧制特色，到雍正时尚有少量延续，乾隆时此工艺已经失传，是康熙时期较珍稀的瓷品之一。此碗不但施釉珍贵，而且器型硕大，通体釉色纯净，墨绿相间，分外养眼。据清宫档案记载，此碗应是康熙为庆贺收复新疆的纪念之作，又名“一口盛天下”。此大器历时三百余年，仍旧器如新，弥足珍贵。

# 清

·雍正珐琅彩虞美人图梅瓶

轻薄飘逸
似丝如绢
描尽了世间的柔美
独占了天下的颜色
力拔山兮的英雄
无不拜倒在她裙下
宁为鬼雄
不离江东
美人
能激励壮士的勇气
焕发
治国安邦的激情
雍正
在此瓶的凝视中
坚定了
励精图治的决心

**清雍正珐琅彩虞美人图梅瓶**

小口微撇，短颈，丰肩，圈足，肩以下渐敛。器型秀美，工艺精细，胎体轻薄，似半脱胎。釉质莹润无瑕疵，瓶身白釉地上以珐琅彩绘以娇艳的虞美人花，彩绘纹饰精湛，是清代雍正时期瓷器的杰出之作。外底署“大清雍正年制”三行六字楷书款。

雍正帝钦佩楚霸王项羽“力拔山兮气盖世”的豪情，故别出心裁地命宫廷御用画师将虞美人花入画，在雍正官窑的各种品种（珐琅彩、粉彩、青花等）上都出现了虞美人花的图案，虞美人花成了雍正官窑器彩绘追捧的题材。

# 清

·雍正珐琅彩金童玉女观音瓶

金童玉女观音瓶
一身紫气
从胎内带来的高贵
金童玉女
多少善男信女的
祈愿
匍匐在观音面前
求上苍的恩赐
延续香火
繁衍生命
华夏文化的
传承
有人希望老有所养
有人却为了追忆
儿时的童趣
仿佛
生命又重复了一次
更能回味
无法替代的
天伦之乐

**清雍正珐琅彩金童玉女观音瓶**

陈设器。口微侈，粗颈，溜肩，敛腹，浅圈足。器外壁施紫色珐琅彩，内壁及底部施白釉。口沿描金，肩腹部绘五只蝙蝠、荷花、荷叶及一对穿肚兜的男女童子。男童子一手执如意，另一手掀开装满元宝的筐篓，趴伏于地；女童子手举荷花、荷叶，盘腿而坐。圈足一圈不施釉，底部以蓝料署“雍正年制”四字双行楷书款。

清

·雍正瓜皮绿釉大肚尊

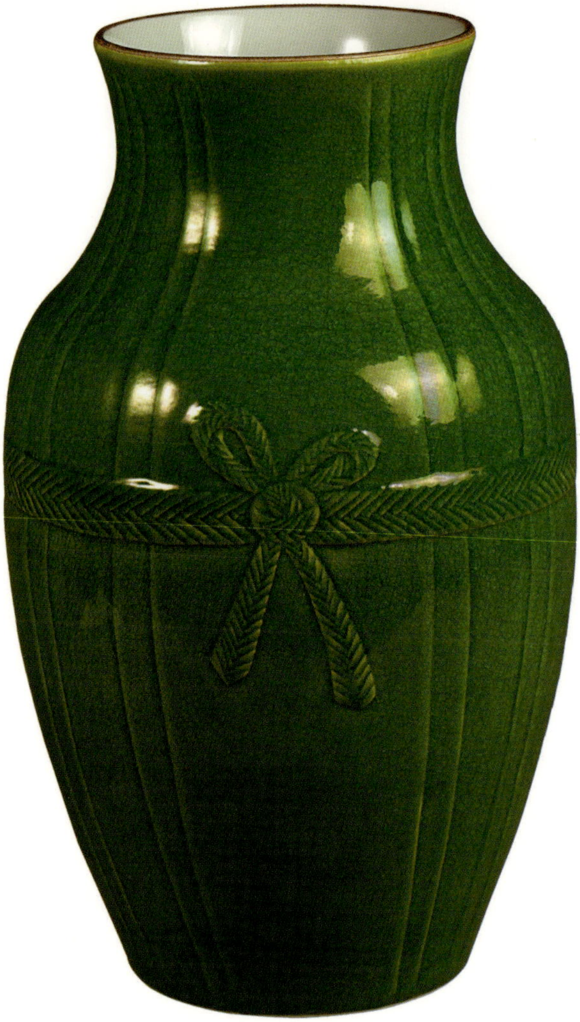

祖母绿翡翠
显得有些沉闷
绿宝石
似乎太透明
一眼望得清
没法咀嚼细品
唯有这瓜皮绿釉
养眼醉心
含蓄隽永
还带着满身的冰纹
瞟上一眼
摄魄追魂

**清雍正瓜皮绿釉大肚尊**

侈口，短颈，斜肩，敛腹，圈足。通体施翠绿釉，瓶身雕有束带，手法细腻精致，绳结线条流畅圆润，活灵活现，十分可爱。整体造型优美精巧，不仅展现了精湛的雕刻技术，又别有趣味。大肚尊又叫布袋瓶，始烧于清朝康熙年间，取谐音“包福”，寓意幸福吉祥。包袱瓶器型最大的特点是在瓶身上饰一凸雕的包袱巾或者束带，就像在瓶子上“打”了一个蝴蝶结，以粉彩较多见，也有单色釉器。这一突破性的尝试构思奇特，显得瓶身体态优美，婀娜多姿。创新的造型必然有坚实的烧瓷技术为辅，杨献谷云：“瓷品精进，无过清代康雍乾之御窑。”清三代烧瓷技术极盛，宫廷又追求新奇样式，包袱瓶上的袱系纹便应运而生。包袱瓶用坚硬的瓷器来表现柔软的丝织物，刚柔并济，达到了审美的极致，可谓是清朝鼎盛时期的标志性瓷器。

# 清

·雍正粉彩花鸟纹穿带抱月瓶

把一轮满月
用精致的绶带穿起
挂在窗前
让萧瑟的秋风
吹走桂子的甜香
无言的玉兔
也耐不住寂寞
随吴刚嫦娥
而去
月宫
从此遍植花中之王
让多情的
虞美人
常年依偎在
身旁
四周万籁俱寂
只有翡翠鸟不息的催情
清晖下
一派永不衰落的
人间春色

## 清雍正粉彩花鸟纹穿带抱月瓶

此器小口，直颈，瓶身扁圆平，肩腹两侧置对称，左右上下四系带口，椭圆形圈足，平砂底无釉。正面牡丹富贵花开、花鸟瓜果纹，背面绘梅兰竹菊纹，足墙左右穿孔对开，极其少见。底心署“大清雍正年制”青花六字篆书款。

# 清

## ·雍正粉彩春色满园胆瓶

细长的颈
拉出优美的弧线
显示出你
特有的型
那是无所畏惧的
胆魄
悬崖边
无路处
别人却步
而你
坦然前行
这才显
英雄本色
不屈的鏖战
终于迎来
满园春景

**清雍正粉彩春色满园胆瓶**

2017年厦门金砖五国峰会展出

瓶小口，细长直颈，溜肩，圆腹下垂，俗称胆瓶。通体施白釉，胎质细腻，釉质盈润光泽。画面中两丛老虬欣荣向上，生机勃勃。枝条上粉色繁花竞相绽放，吐芳争艳，花团锦簇，充满活力。整器器型饱满，画面构图疏朗有致，色彩艳丽宜人，每枚花瓣和叶片描绘精细，质感逼真，堪称雍正粉彩瓷器中的佳作。

清

·雍正青花山水梅瓶

清朝盛世的山水
移到了瓷面上
青花的五色
在温润的包浆下
层次分明
浮现出立体的仙境
风声雨声鸟鸣声
花影树影光影
人在景中游
舟在水中行
好一派人间天堂
万年胜景
岁月相映

## 清雍正青花山水梅瓶

唇口，短颈，丰肩，腹下渐收，圈足，釉面光洁，器型规整，修胚精细，底足描金，外壁通景青花绘山水人物故事，画面细致入微，线条流畅，笔法细腻，层次分明，格调高雅清新，非宫廷御用画师而莫能为！收藏赏玩佳品，底部署“大清雍正年制”款。

清

·雍正仿木纹釉
江山一统(桶)

黄花梨木桶
竟然可以
在炉火中诞生
如果不是
亲手掂量一下
绝不会相信
原来是胎土捏成
这才称得上
巧夺天工
历朝历代
无不期待
江山一统
雍正将你
常年悬挂在寝宫
祈愿
万年永固
江山确可以
永存
可是
忘却了你是
易碎的瓷桶

自圆明园初具规模起，宫中已陆续将所藏历代珍品移陈其内，但圆明园实在庞大，很多亭台殿阁尚需填设。据清宫档案记载，乾隆四年（1739年）唐英一次进贡入圆明园的御窑瓷器就有3751件（《养心殿造办处史料辑览》卷二第97页），只有有特殊意义或者制作格外精良的才在《活计档》加以专门标注，“雍正仿花梨木纹釉瓷桶”便是其中之一。

《养心殿造办处史料辑览》第一辑第218页倒数第三行：“二十九日据圆明园来帖称，本月二十六日太监王玉持来花梨木纹釉瓷桶一件，说太监刘希文传旨：着将瓷桶配做木架，得时送往西峰秀色陈设。钦此。（于八月十二日做得木架一件并瓷桶一件，郎中海望持赴西峰秀色安讫。）”

“花梨木纹”用现在颇为流行的说法为“黄花梨木纹”。《大清德宗皇帝实录》卷四百零六记载，最初于光绪二十三年（1897年）六月才出现黄花梨的称谓，此桶双耳与提把均仿“黄花梨木纹”，中间和近底足处两道仿竹篾编制的抱箍，仿佛用六块黄花梨木板巧妙拼成。

## 清雍正仿木纹釉江山一统（桶）

造型端庄，通体以木纹釉为饰，釉面光洁，釉质滋润，宛若木质提桶，腹部、近底足处塑两条黄釉仿竹篾，惟妙惟肖，生动逼真，寓意“江山一统”。底落金彩“大清雍正年制”六字三行篆书款。

# 清

·雍正斗彩皮球花纹苹果尊

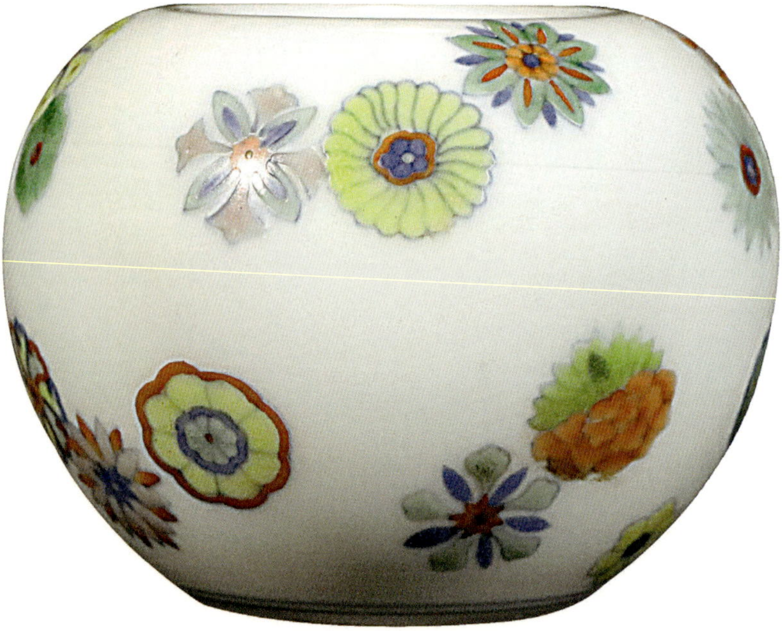

釉下的青色勾勒
从出生
就限制了你
终生的
想象
釉上的彩绘
被死死地限定在
预设的边线
再多彩的颜色
和丰富的想象
都不敢越出
雷池的
牢房
釉上釉下
终生缠斗
演绎了精彩的人生
维护了皇权的根本

**清雍正斗彩皮球花纹苹果尊**



因其外形似苹果而得名，实际是一种宫廷书斋文房用具。此尊口沿内凹，圆鼓腹，敛足。胎质紧致且细腻洁白，造型圆润，颇巧可爱。以斗彩绘各色皮球花纹，形状各异，呈雪花状、月华锦纹状等，变化多端，无一雷同，或两两成对，或三者成簇。纹饰布局疏密有致，设色柔和典雅，绘工细致精湛，风格活泼清新。

皮球花纹又称团花，其组合形式多样，以外观极似球状而名。又因多似绣球，故而清代人称之为绣球纹。以清雍正朝斗彩皮球花纹器物最为著名。底落青花双圈“大清雍正年制”六字双行楷书款。

# 清

·乾隆豆青釉花插

映日荷花
红胜火
方能炼出
青春的后代
一夜秋风
染黄了满湖的碧莲
一炉窑火
还原了莲蓬的娇艳
权当花插
来承载
繁花似锦的面容
让人间
春天永驻
好花常开

清乾隆豆青釉花插

花插三孔，束颈，鼓腹，造型隽秀，小巧可爱。通体施豆青釉，釉面纯净，釉质肥润，极具玉质感，器身刻划缠枝花纹，构图疏密有致，线条流畅生动，于豆青釉色映衬下，愈显脱俗。



豆青，瓷器釉色名。青釉派生釉色之一，起源于宋代的龙泉窑。豆青和东青原属一类，以后才各具特色。明以前微近黄色，至清代纯近绿色。其釉色为青中泛黄，釉面光泽比粉青、梅子青弱。明代豆青色釉烧制水平趋于平稳，基本的色调仍以青中闪黄为主，而青色比以前淡雅。清代豆青釉淡雅柔和，色浅者淡若湖水，色深者绿中泛黄，釉面凝厚。清代烧造豆青釉的同时，还在釉上施以各种色彩入窑二次烧造，淡雅的釉色衬托下的色彩，更加艳丽妩媚。

# 清

## ·乾隆仿生瓷粉彩桃形砚滴

粉粉的
柔柔的
嫩嫩的
白白的
如窈窕少女
款款走来
身后是清晨的朝阳
把一身裙衫
映衬得五彩斑斓
历来
以绢和纸
来描绘传承
世间的美
到了清三代
用万年永存的瓷胎
来承载
优美的色彩
显得格外醒目
养眼
花卉
虫鸟
人物
凡富有灵性的生物

都要老去
唯有你
随着岁月的流逝
愈来愈精神
愈来愈显出
迷人的光泽



砚滴，是一种传统文房器物，贮存砚水供磨墨之用。砚滴的出现与笔墨的使用和书画的兴起有关。最迟在东晋时期，就出现了各种形状的水盂，人们在使用中发现，用水盂往砚里倒水时，往往水流过量，于是出现了便于掌控水量的器物，这就是砚滴。砚滴也称水滴、书滴、蟾注等。有嘴的叫“水注”，无嘴的叫“水丞”。

仿生瓷是中国艺术中的一朵炫丽奇葩，凡一切物种，皆能仿制。以一“巧”字惊艳天下，令人称绝。

仿生瓷出现于雍正时期，但雍正时期的仿生瓷品种较少，只有仿木、仿玉等几类。直到乾隆时期，仿生瓷才达到真正的繁荣。乾隆时期的仿生瓷色调形态达到了与真物酷似的境界，惟妙惟肖，巧夺天工。对此，《古铜瓷器考》中曾大为称赞：“有陶以来，未有今日之美备。”又有评说：“乾隆年间，仿生器皿，色目非一，人物鸟兽，指不胜屈。”

乾隆年间的古陶瓷学者朱琰在其所著《陶说》里罗列了当时陶瓷能仿制的各种工艺效果：“戗金、镂银、琢石、髹漆、螺钿、竹木、匏蠡诸作，无不以陶为之，仿效而肖。近代一技之工，如陆子刚治玉、吕爱山治金、朱碧山治银……今皆聚于陶之一工。”故宫博物院就藏有多件乾隆时期仿生瓷珍品，如粉彩仿生果品高足盘、仿生瓷海螺等。

## 清乾隆仿生瓷粉彩桃形砚滴

仿生器作，呈桃状，中空巧作砚滴。造型极尽精巧，栩栩如生，器表色彩粉润柔和，桃红至浅绿自然过渡，呈现出娇嫩欲滴的果实质感，叶子巧施绿釉，绿叶红果，清嫩可爱。置于案头，既为清赏，又为文房，可赏可用，实为书斋雅玩。底落红彩“大清乾隆年制”六字三行篆书款。

# 清

## ·乾隆珐琅彩朱红地龙凤梅瓶

小小梅瓶
映红了乾坤
龙逐凤舞
满天祥云
一身瑞气
仿佛又见到了
两百年前的场景
百官同贺
钟鼓齐鸣
满殿喜庆
醉眼蒙胧的皇帝
在瓶前
啧啧连声
天赐神器
瓷坛独尊

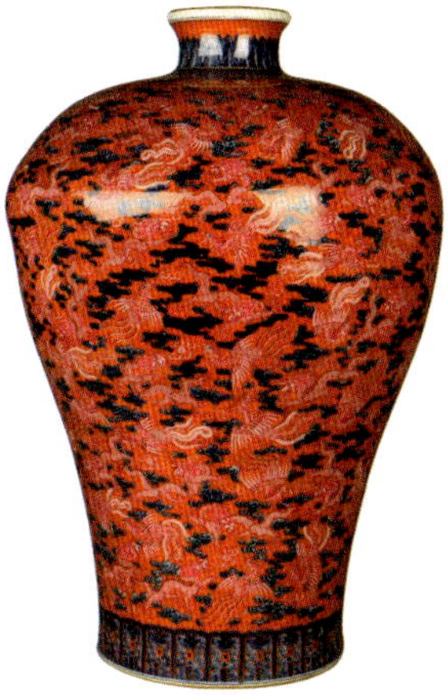

**清乾隆珐琅彩朱红地龙凤梅瓶**

体型硕大，撇口，短颈，颈部中间饰弦纹，丰肩下敛，近足处外撇，两层台圈足。

口部描金，颈部青芭蕉，如意纹饰，通景绘青花云纹，玛瑙红百龙百凤，龙凤呈祥图，矫龙昂首奋须，舞爪摆尾，气势非凡。凤凰则上下翻飞起舞。展翅飘羽，千变万化，形态各异，与矫龙遥相呼应。

配以火球、龙珠、如意祥云及海波等纹饰。整体效果较好，笔法流畅，器型规整、别致柔丽，隽逸俊秀，釉面匀净光泽，釉汁肥腴，釉质细腻，光华内蕴，臻于纯美，展现了极为高超的制作技巧。

底部全面描金，署“大清乾隆年制”六字青花篆书款，为梅瓶中之少有，属乾隆本朝器物！保存完好，属精、尖、稀的藏品。

清

·乾隆珐琅彩九龙大盘

紫气盈室
祥云绕梁
大小不足盈尺
却尽显
宇宙浩瀚的瑞气
一丈开外
感到了
翻江倒海之态
闻到了
回荡天地的
声声龙吟
是国力的炫耀
盛世的张扬
祈求

八方恭逢
四海来朝
把百姓的凄苦
甩到了
九霄云外
大清灭亡的苦果
或是盛世种下的因



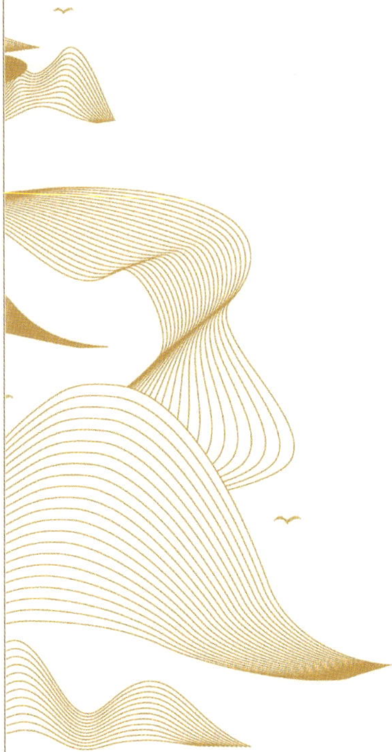

**清乾隆珐琅彩九龙大盘**

2016 年杭州 G20 峰会展出

敞口，浅腹，圈足，珐琅彩装饰。盘沿敷金彩，盘内壁口沿下依次为白地绿彩回纹、绿地白色双重海水纹，并以锥花工艺着重表现海水波涛汹涌之意；盘内心，以轧道工艺刻划纤细卷云纹的胭脂红釉地上，一条正面形象的绿彩立龙居中，周围八条游龙环绕，头均朝向中心；五颗矾红龙珠分散于盘内，神龙须目怒张，阔口长须，五爪锐利，九龙穿梭于祥云间，矫健飘逸。五颗龙珠分别代表“金、木、水、火、土”，龙珠在前，祥云环绕，沉雄古逸。九龙戏五珠，亦是帝王九五之尊的体现。

盘外壁，刻划席纹的紫红釉地上，团寿纹、蝠纹相间排饰，近足处饰海水纹，足外壁饰回纹。圈足底部施白釉，署“大清乾隆年制”青花六字三行篆书款。该器物形制庞大，盘内装饰繁密，布局得当，疏密有致。

# 清

·乾隆珐琅彩盛菊九龙天球瓶

万籁俱寂
一夜萧瑟
寒风
催开了满城秋菊
彼此争相献笑
描尽了天下美色
引来九龙穿梭
一派
繁荣昌盛
圆圆的大肚
容下世间的不平
昭示了
皇权的威严
却彰显了
人世的浮华

**清乾隆珐琅彩盛菊九龙天球瓶**



2018 年首届上海进博会总统会客厅展出

瓶平口，长直颈，球形腹，圈足，足底无釉，口沿饰如意云头纹，通体绘各色菊花，五条描金矾红神龙在繁花中盘旋呈升腾状态，遒健凶猛，气夺千里，王者之气激荡其中。中心青花书“大清乾隆年制”六字篆书。画面繁缛，极尽工巧，为彩瓷之翘首。

器型硕大饱满，珐琅色泽鲜艳，画面布局繁密而不乱，诸龙神态之描画精准，逼真传神。该藏品雍容华贵之余，强烈的视觉冲击表现出了极大的美感，将“万花献瑞”之吉意体现得淋漓尽致。

# 后记

大唐的邢窑，既开创了官窑烧制的先例，又奠定了白瓷为本的传承主干：唐类银类雪的邢窑，到宋白中泛黄的定窑、透着玉色的枢府卵白瓷，再到明永宣养眼的甜白，最后到清三代的玻璃白。

如果说这是瓷器发展的主干，那么，青花就是树杆上的绿叶了。苏麻离青早在唐代已随着丝绸之路的繁荣传入中国，唐代工匠烧制出了像摩羯鱼纹橄榄四系尊那样的精品。只是宋人醉心在简约美的单色釉上，无暇专注青花瓷的烧制，但民窑还是有一定尝试的。元代就一发而不可收拾，因为对蓝色的崇拜，加上征服欧亚，大量的苏麻离青料被运回中国，于是，元青花一度占领瓷坛。明永宣时期，因为开拓对外贸易，受西方喜爱的青花瓷又进入了一个高峰期，到嘉万朝，由于回青料的紫色，正好迎合嘉靖、万历皇帝修仙成道的审美情趣，又一度被高度重视，出现了一个小高潮。到了清朝，云南的珠明料和浙料被广泛应用，色泽明快、发色清丽，青花瓷又跃上了一个高峰。

至于历朝发明的珐琅彩、斗彩、五彩、粉彩等犹如枝上的花朵，使得陶瓷之树越发艳丽夺目，成为名副其实的立体画卷。

每当我盘玩一件官窑瓷器，那种被陶醉的愉悦感，会久久地在内心激荡，此时，有种一吐为快的冲动，诗句就成了油然而至的情感流露。

诗集只是想追寻对古瓷有同等痴迷的人共乐乐而已。

最后，非常感谢韩逸轩、赵兰兰两位小朋友在本书的图片选编和校对中付出的心血！

**蔡暄民**